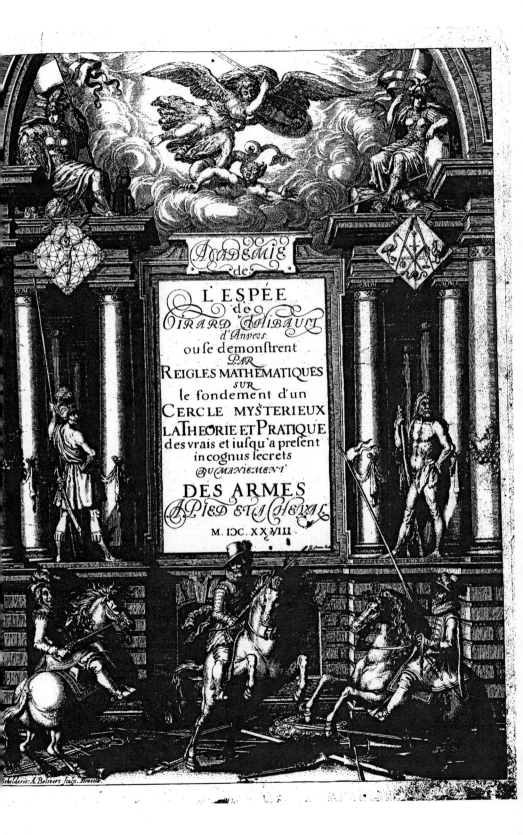

Academie de

L'ESPÉE
de
GIRARD THIBAULT
d'Anvers,
ou se demonstrent
PAR
REIGLES MATHÉMATIQUES
SUR
le fondement d'un
CERCLE MYSTERIEUX
LA THEORIE ET PRATIQUE
des vrais et iusqu'a present
incognus secrets
DU MANIEMENT
DES ARMES
A PIED ET A CHEVAL
M.IDC.XXVIII.

Schelderie A. Bolswert sculp. Bruxel.

TRANQVILLA RATIO, NEC SVI IMPATIENS LABOR,
MODVM EVAGANTI PRÆSTRVIT FEROCIÆ.

GIRARD THIBAVLT
d'Anvers.

Patientia

Gaudet · duris

AU COEUR VAILLANT
RIEN N'EST IMPOSSIBLE

Serenissimo Principi ac Domino Domino Georgio Guilielmo Marchioni Brandenburgensi S. Romani Imperii Archica-
merario et Electori, Borussiæ, Iuliæ, Cliviæ,
Montium, Stetini, Pomeraniæ, Cassubiorum,
Vandalorum et in Silesia Crosnæ, Carnovi,
æque Duci, Burggravio Norimbergen-
si, Principi Rugiæ, Comiti Marchiæ, ac
Ravensbergi, Dynastæ Ravensteiny, &c.

FAIS BIEN SANS DEMEURE,
EN PEU DE TEMPS SE PASSE L'HEURE.

SERENISSIMO PRIN
CIPI AC DOMINO, D. IO.
ACHIMO SIGISMUNDO, MAR
CHIONI BRANDENBURGENSI, BO
RUSSIÆ, IULIÆ, CLIVIÆ, MONTIUM, STE
TINI, POMERANIÆ, CASSUBIORUM, VANDALO
RUM, ET IN SILESIA CROSNÆ, CARNOVIÆQUE DUCE

TOUT AVEC DIEU
RIEN SANS RAISON

SERENISSIMO
PRINCIPI AC DOMINO
DOMINO CHRISTIANO
DUCI BRUNSWI-
CENSI ET LUNEN-
BURGENSI

CONSTANT

ILLUST^{MO} PRINCIPI
ERNESTO CASIMIRO COMITI NASSOVIÆ,
CATIMELIBOCI, VIANÆ, DIESTII; DOMINO
BILSTEINÆ, CASTRORUM UNITARUM PROVINCIA-
RUM PRÆFECTO; GUBERNATORI FRISIÆ, &C.

DEO
ET
CUNCTIS.

GENEROSIS VEREQ GERMANIS FRATRI
BUS, SIMONI ET OTTHONI, COMITIBUS
ET NOBILIBUS DOMINIS DE LIPPIA.

RIEN SANS DIEU

NOBILISSIMO GENEROSISSIMOQ
FON DOMINO STEPHANO
LIBERO BARONI POTGIE
FON WOLFFSHAGIÆ TERRÆ
EQUESTRIS SUB DUCTU ET MODE
RAMINE ILLUSTRISSIMI PRIN
CIPIS JURAICI PRÆFECTO

Reliure serrée

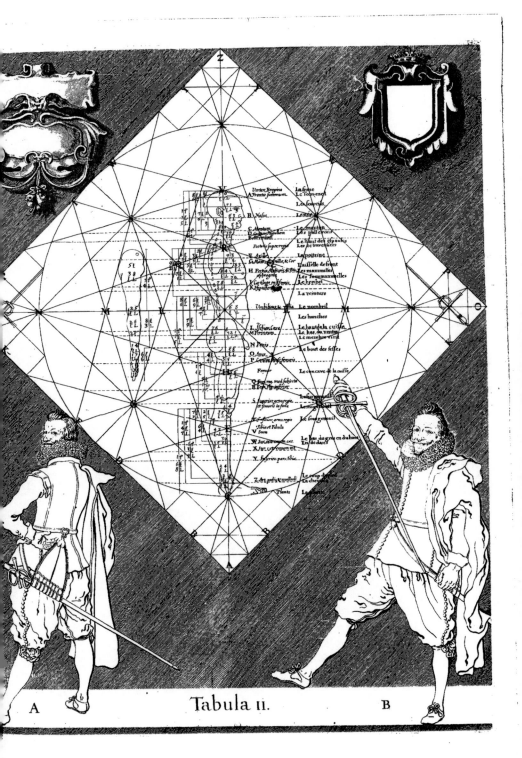

Tabula ii.

A

B

PIETE ET IVSTICE

LOVIS

DE BOVRBON DICT LE IVS-
TE, PAR LA GRACE DE DIEV
TRES-CHRESTIEN ROY DE
FRANCE ET DE NAVARRE,
TREIZIESME DE CE NOM.
1628.

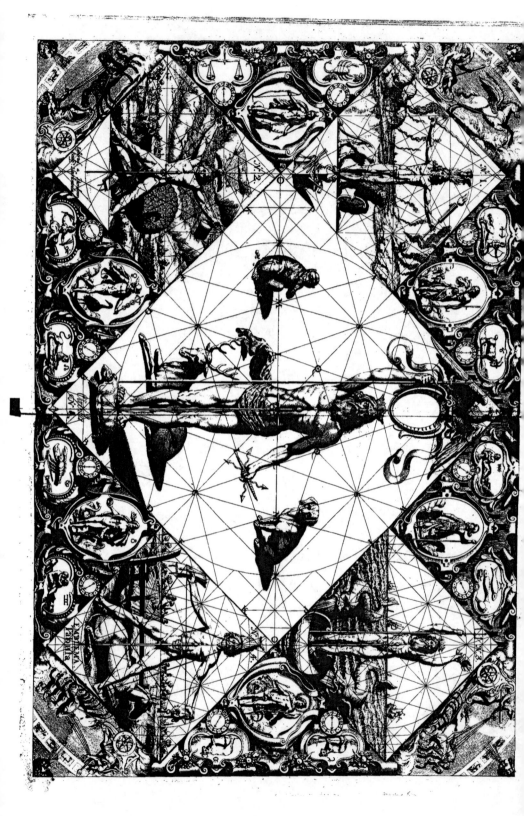

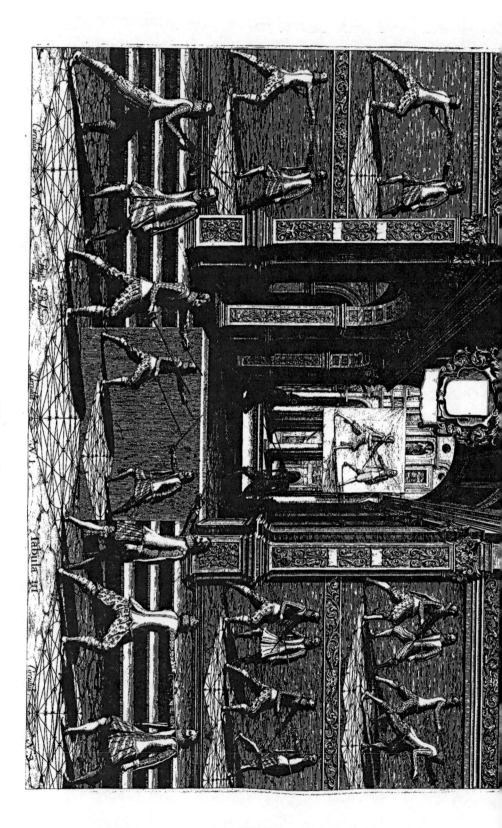

Tabula III

Tabula. III

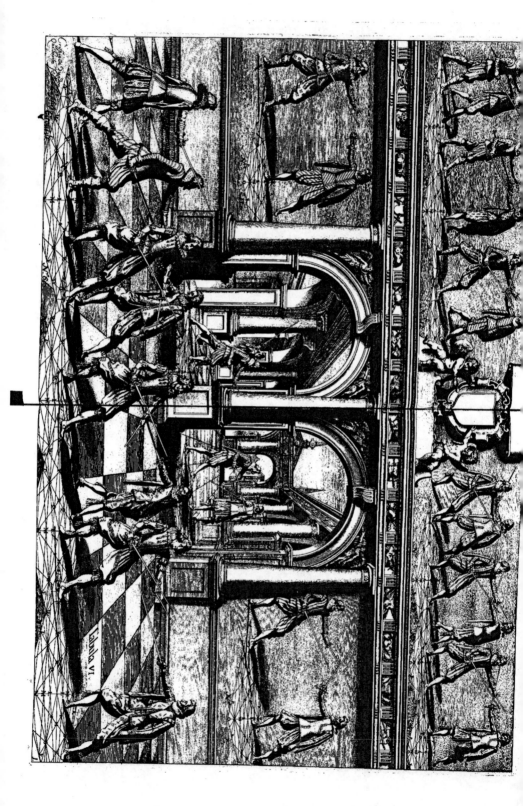

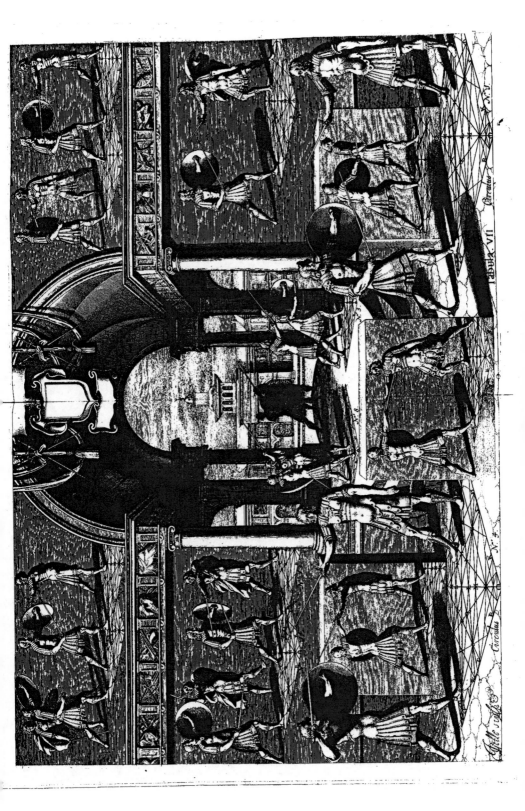

TABULA VII

Circulus P.

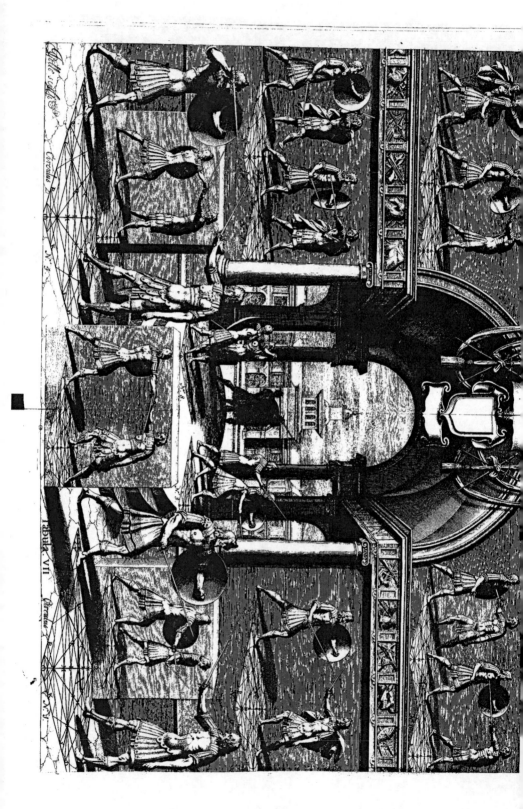

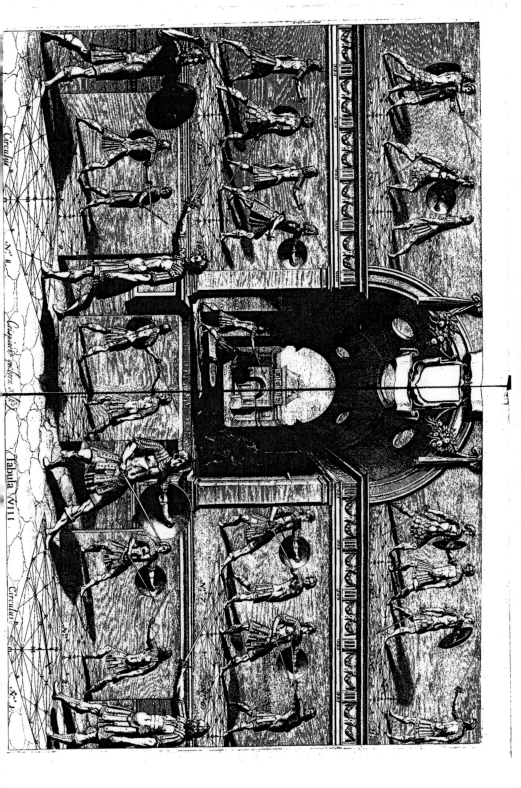

Tabula IX.   Circulus   Circulus

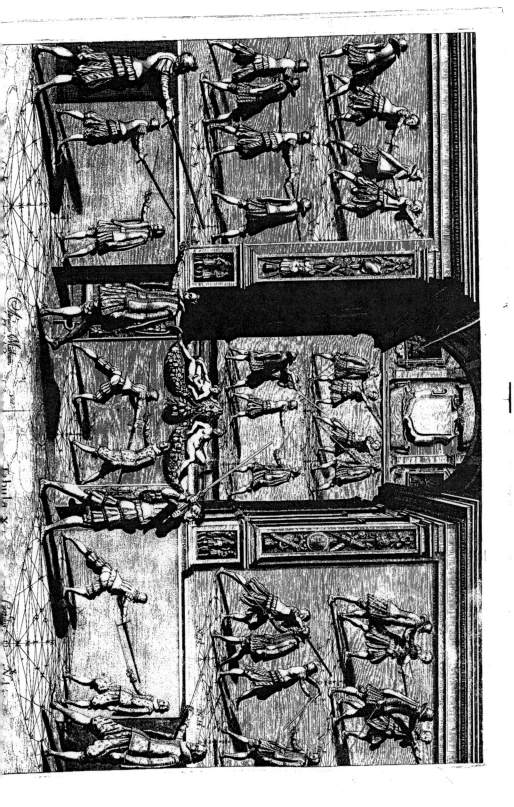

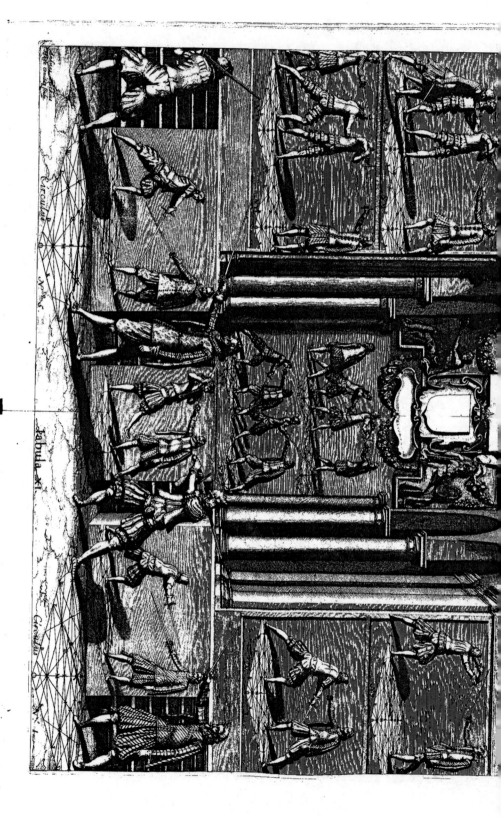

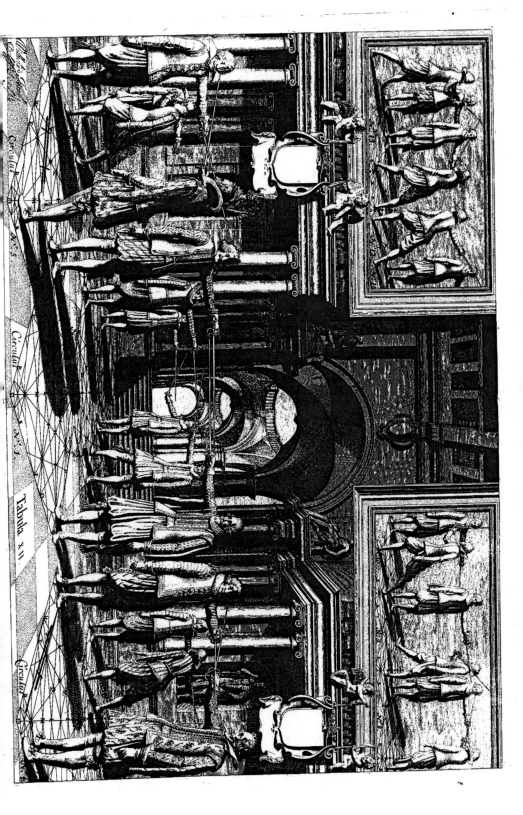

Tabula XII.

Tabula. III.

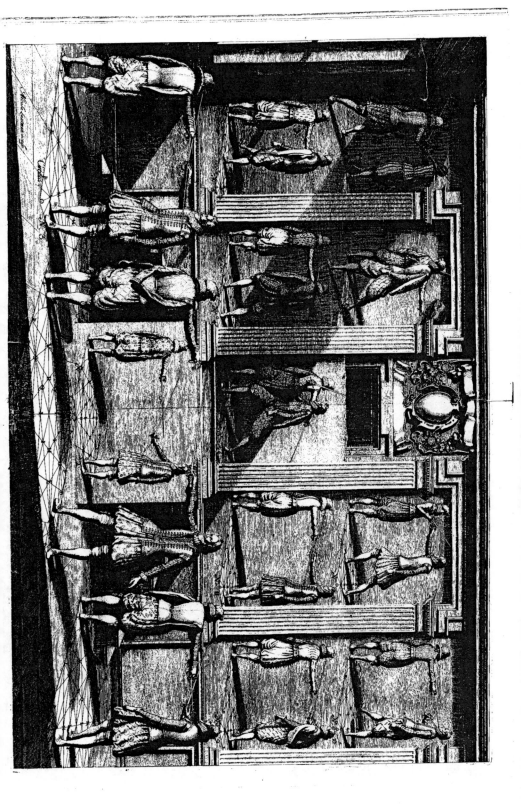

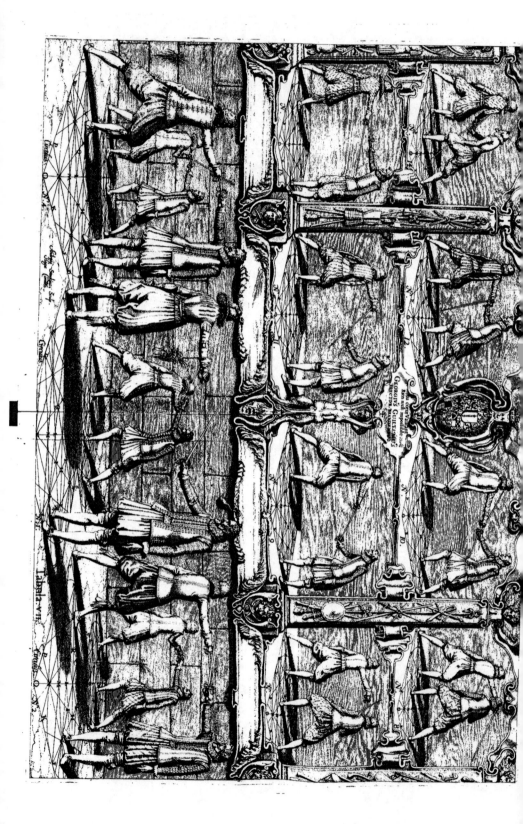

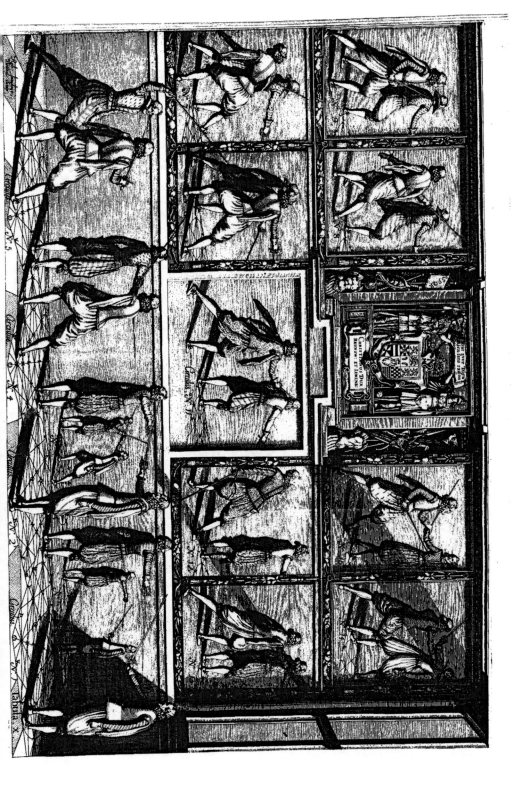

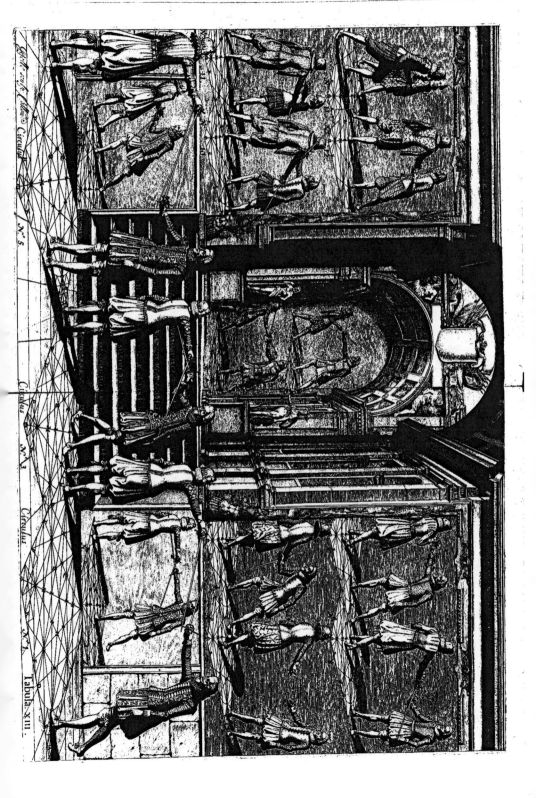

Tabula XV.

Tabula.XVI.

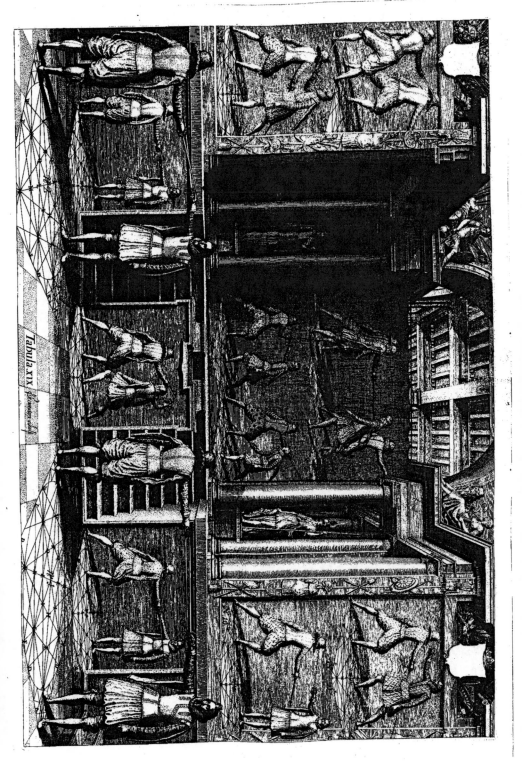

Tabula XX.

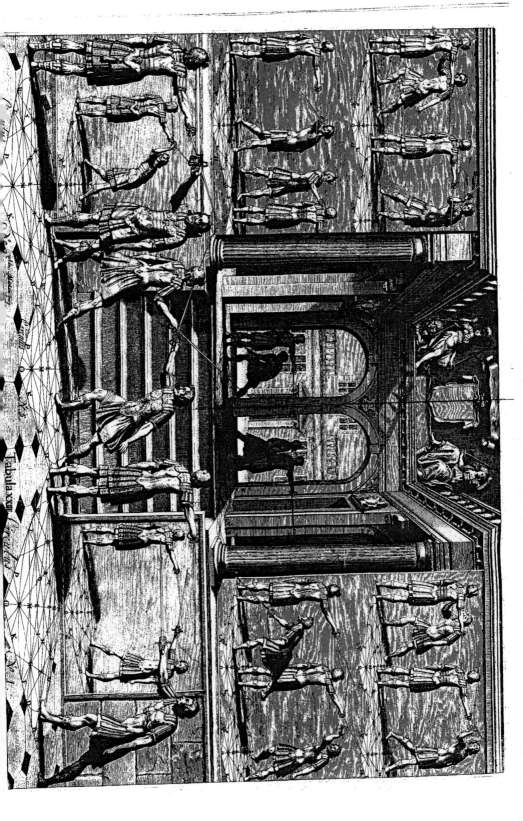

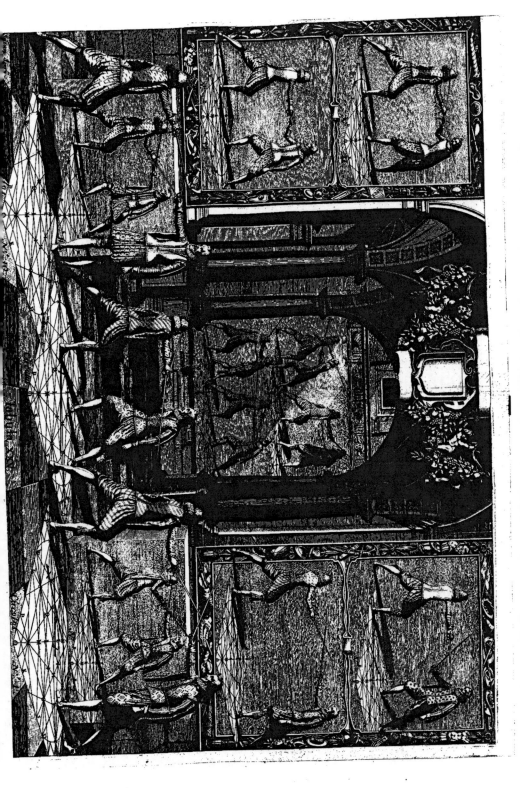

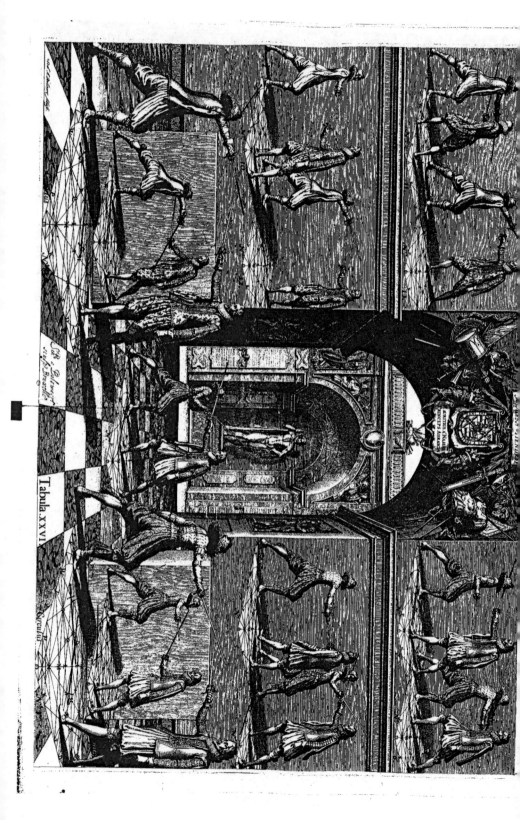

Tabula XXVI.

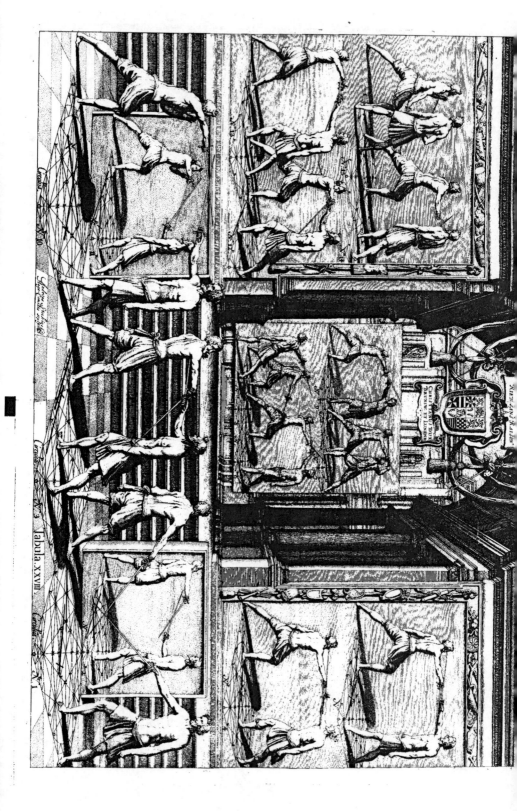

Tabula XXVIII.

Tabula. XXIX.

Círculus 𝓝.° 2.

Círculus 𝓝.° 1.

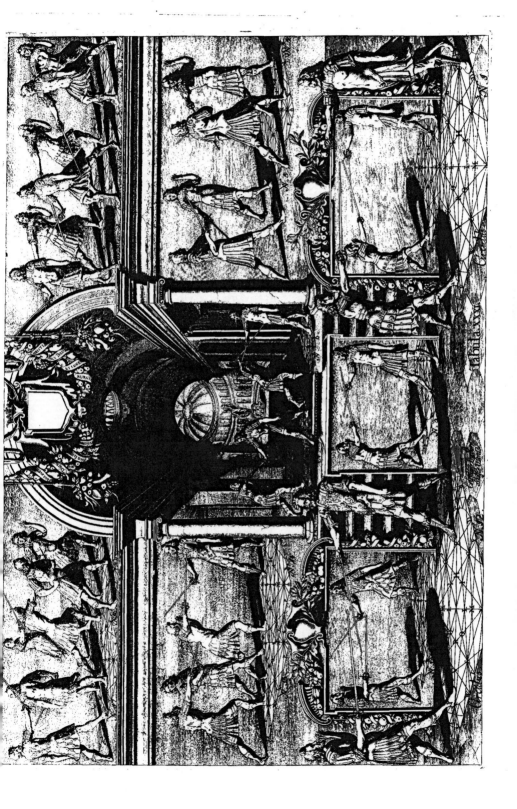

CPSIA information can be obtained at www.ICGtesting.com
Printed in the USA
LVOW08s1453071014

407668LV00005B/48/P